Oltre le Ombre: Guida Motivazionale per Superare la Solitudine

IKIGAI PROJECT

INTRODUZIONE

Nella vita ci sono momenti in cui ci sentiamo circondati dalle ombre della solitudine, un vuoto che sembra inghiottirci. Ma è proprio in questi momenti che arriva l'invito a guardare al di là delle ombre, a scoprire la luce che può sorgere anche nell'abisso più profondo del cuore.

Questo libro è una mappa affettiva che ti guiderà attraverso il terreno complesso della solitudine. Attraverso riflessioni e pratiche motivazionali, esploreremo insieme come trasformare il buio della solitudine in una testimonianza di forza, resilienza e rinascita.

CAPITOLO 1

L'ABBRACCIO DELL'OSCURITÀ

Nel silenzio avvolgente della solitudine molti percepiscono solo un vuoto, una mancanza che accentua il senso di isolamento. Ma in realtà la solitudine può essere il cancello che ci apre al profondo viaggio dentro di noi stessi. È come una notte oscura, pronta a rivelare stelle nascoste.

Immersi nell'oscurità, spesso ci sfuggono le sfumature del nostro essere. La solitudine inizia come una melodia triste, ma se ascoltata attentamente, rivela le note nascoste di pensieri e sentimenti che meritano di essere ascoltati. Accogliamo questa oscurità non come un nemico, ma come un compagno di viaggio.

La solitudine non è semplicemente uno spazio vuoto; è un rifugio silenzioso dove possiamo ritrovarci.

In questo silenzio impariamo a conoscerne il ritmo, a percepire le nostre paure, ma anche a riscoprire la forza che risiede in noi. È come un abbraccio dell'oscurità che ci avvolge, chiedendoci di ascoltarci e di comprendere.

Con questo libro imparerai che la solitudine può essere un cammino verso la luce. Esploreremo come abbattere le barriere della paura, come affrontare il silenzio interiore e come trasformare il vuoto in un terreno fertile per la crescita personale.

Nel cuore di questa oscurità troverai la promessa di una rinascita personale. La solitudine non è solo un problema da risolvere, ma un invito a riscoprire te stesso. Voglio incoraggiarti a vedere l'abbraccio dell'oscurità come il primo passo verso la luce della tua rinascita.

Sii coraggioso, esplora il buio e scopri la tua luce interiore che attende di brillare attraverso le tue ombre più profonde. La solitudine può diventare la tela su cui dipingi la tua storia di rinascita.

CAPITOLO 2

ESPLORARE IL BUIO

Nel viaggio attraverso la solitudine ci troviamo spesso a percorrere sentieri oscuri, in cui le ombre della nostra anima si fanno più intense. Ma non temere il buio poiché è in questo spazio silente che si cela la magia della tua scoperta più profonda.

Immergiamoci nel buio non come un vuoto spaventoso, ma come un luogo intimo di dialogo con la tua anima. È qui che i tuoi pensieri e le tue emozioni si svelano senza timore, come stelle scintillanti in un cielo notturno. La solitudine diventa il palcoscenico su cui puoi ascoltare la tua voce interiore senza distrazioni.

Nel buio della solitudine, non siamo costretti a indossare maschere o a conformarci agli occhi degli altri. È un ambiente dove la verità può emergere senza paura di giudizi. È qui che scopri le parti di te stesso che spesso rimangono celate nella luce del giorno, esperienze, desideri, e paure che attendono di essere abbracciate.

In questo buio non c'è il frastuono del mondo esterno. È una sinfonia di silenzio, un'opportunità di ascoltare la dolce melodia della tua esistenza. La tua mente, libera dai rumori esterni, può concentrarsi sulle note sottili della tua interiorità. È un invito a scoprire la bellezza del tuo mondo interiore.

Non è solo un esplorare senza meta, ma una ricerca di forza nel buio. La solitudine diventa il campo di addestramento della tua resilienza. È qui che impari a camminare senza timore nell'oscurità, consapevole che, anche quando sembra che la luce sia lontana, porti con te la tua lanterna interiore.

Esplorare il buio non è un atto di resa, ma un coraggioso viaggio verso l'intimità con te stesso. Voglio incoraggiarti a danzare con le ombre della solitudine, a cercare la luce nel cuore del buio, perché è proprio là che inizia la tua straordinaria trasformazione.

CAPITOLO 3

RISVEGLIARE LE CONNESSIONI DORMIENTI

Nel nostro cammino attraverso la solitudine ci imbattiamo in un tesoro nascosto: le connessioni dormienti. Sono legami preziosi, forse sepolti sotto strati di silenzio, ma pronti a risvegliarsi con la dolce carezza dell'attenzione.

Le connessioni con gli altri sono il filo d'oro che tessono il tessuto della nostra esistenza. Spesso, nella frenesia della vita quotidiana, perdiamo di vista i legami speciali che ci collegano agli altri.

Queste connessioni sono come radici che si intrecciano nel terreno del nostro cuore, nutrendo il nostro spirito. Sono gli sguardi empatici, le parole gentili, i gesti affettuosi che ci ricordano che non siamo soli nel nostro percorso. La magia risiede nel potere di trasformare il vuoto della solitudine in uno spazio colmo di significato e comprensione reciproca.

Le connessioni umane vanno oltre la superficie delle relazioni quotidiane. Sono il linguaggio silente dell'anima, un dialogo che va oltre le parole pronunciate. Ciò che rende magica questa connessione è la capacità di condividere gioie e dolori, di sostenersi a vicenda attraverso i vari capitoli della vita.

Nell'abbraccio di una connessione umana troviamo conforto nel sapere che qualcuno comprende il nostro viaggio interiore. La magia si manifesta quando ci sentiamo visti e accettati nella nostra autenticità, senza giudizi o pretese. È come un rifugio sicuro dove possiamo mostrare il nostro vero io, vulnerabile e autentico.

In un mondo che spesso corre veloce la magia delle connessioni umane ci invita a rallentare, a guardare negli occhi di chi ci sta accanto e a riconoscere la bellezza nella semplicità di un legame sincero. Queste connessioni sono le note dolci di una melodia che risuona nel cuore, un'armonia che ci accompagna nei momenti felici e ci sostiene nei momenti difficili.

Nella magia delle connessioni umane troviamo il balsamo per le ferite della solitudine. Sono le relazioni che ci trasformano, che ci insegnano l'importanza di amare e essere amati. Aggrappiamoci a questa magia, coltiviamola con cura poiché è attraverso di essa che la solitudine può sciogliersi come la nebbia al sorgere del sole, rivelando un cielo radiante di connessioni umane autentiche.

Le connessioni non si limitano all'aspetto superficiale delle relazioni. Bisogna guardare oltre le apparenze e scavare nelle profondità dell'anima per riscoprire legami che possono essersi assopiti nel tempo. Sono legami che, una volta risvegliati, portano con sé una ricchezza emozionale insospettabile.

Spesso, ci ritroviamo a giudicare superficialmente, basando le nostre opinioni su immagini esterne, su maschere che tutti indossiamo.

Guardare oltre le apparenze significa affrontare la sfida di andare oltre la facciata, di scrutare l'anima di una persona, di cogliere la bellezza che non si manifesta agli occhi, ma si percepisce nel battito del cuore e nell'eco delle emozioni.

In un mondo che spesso valorizza l'apparenza questo invito a guardare oltre diventa un atto rivoluzionario. È un'apertura al mistero delle persone, alla complessità delle loro storie e alle cicatrici che non sono visibili agli occhi distratti. È un rifiuto del giudizio superficiale, un'accettazione del fatto che ogni individuo è un universo di esperienze uniche.

La solitudine, in questo contesto, diventa un terreno comune che ci unisce anziché separarci. È lì, tra le pieghe delle nostre vite, che scopriamo che le esperienze di isolamento sono universali. Guardando oltre le apparenze possiamo trovare connessioni profonde basate sulla comprensione reciproca della fragilità umana.

Questo invito a guardare oltre è anche un'opportunità di auto-scoperta. Poiché ci sforziamo di vedere oltre le maschere altrui, impariamo anche a togliere le nostre. La vulnerabilità diventa un ponte che collega le nostre storie, creando legami autentici che resistono alle tempeste della vita.

Ti invito perciò ad abbracciare il potere trasformativo di guardare oltre le apparenze. Scava più a fondo nelle vite degli altri e, nel farlo, scoprirai che la solitudine può diventare un terreno fertile per la crescita umana e per la creazione di connessioni genuine. Guardare oltre è un atto di compassione, un riconoscimento della nostra comune umanità e un passo fondamentale verso una vita arricchita da legami profondi e significativi.

Spesso sono i piccoli gesti che riescono a risvegliare le connessioni più profonde. Un sorriso, una telefonata, un gesto gentile: sono come scintille che accendono il fuoco delle relazioni.

Questi gesti, apparentemente modesti, sono come gocce d'acqua che creano cerchi sempre più ampi. Un sorriso sincero può illuminare un intero giorno, mentre una parola gentile può risuonare nell'anima come una melodia rassicurante. In un mondo che talvolta sembra privo di compassione sono questi gesti che fioriscono come giardini segreti, rendendo la solitudine un terreno fertile per l'amore e la connessione umana.

Spesso sottovalutiamo il potere trasformativo dei piccoli gesti. Un abbraccio, una mano tesa in segno di solidarietà, un gesto di gentilezza inaspettato: sono questi atti che possono spezzare le catene della solitudine, aprendo il cuore a una realtà in cui l'amore e l'appartenenza sono possibili.

Nella solitudine, dove il silenzio può diventare assordante, i piccoli gesti assumono un'importanza ancora maggiore. Sono come fari luminosi nella notte buia, guidando il nostro cammino attraverso l'oscurità. Ci ricordano che, anche quando ci sentiamo più soli, esiste la possibilità di connettersi con gli altri attraverso azioni semplici ma significative.

Il potere di questi gesti risiede nella loro autenticità. Non sono gesti compiuti per convenzione, ma espressioni sincere di umanità. Sono le vibrazioni di un cuore aperto, pronto a condividere e a ricevere. E mentre compiamo questi gesti, scopriamo che non solo cambiano la vita degli altri, ma anche la nostra.

Ti invito a riconoscere e a coltivare il potere trasformativo dei piccoli gesti. Ogni atto di gentilezza è una risposta alla solitudine, un ponte che collega le nostre storie. Nell'intreccio di queste azioni, scopriamo che la solitudine può essere trasformata in un giardino rigoglioso di relazioni autentiche, dove anche il più piccolo gesto può fiorire in un cambiamento straordinario.

Nella danza delicata della solitudine c'è un invito a essere presenti, a immergersi completamente nel momento e a risvegliare le connessioni che riposano nel silenzio. Essere presenti non è solo un atto di partecipazione fisica, ma un'apertura del cuore, una sincera disponibilità ad ascoltare e a condividere l'essenza di chi siamo.

Nel turbinio della vita moderna spesso ci troviamo immersi in una frenesia costante, con la mente divisa tra passato e futuro. Ma nella solitudine c'è un dono prezioso che ci attende nel presente. Essere presenti significa abbracciare l'istante, immergersi nelle emozioni del qui e ora, senza l'ombra del rimpianto o dell'ansia per il domani.

Nella solitudine essere presenti diventa una forma di connessione profonda. Quando ascoltiamo veramente, quando ci immergiamo nei dettagli delle storie altrui, creiamo spazi di intimità che risvegliano le connessioni dormienti. È come un bagliore che attraversa la solitudine, illuminando le parti più nascoste di chi siamo.

Essere presenti è un atto di rispetto e di autenticità. Quando ci dedichiamo completamente a un momento, trasmettiamo il messaggio che la persona di fronte a noi è preziosa, che le sue parole sono ascoltate con cuore aperto. In questo spazio di condivisione, la solitudine si dissolve, dando spazio a una presenza condivisa che nutre l'anima.

La presenza autentica non richiede parole eloquenti o gesti straordinari. Può essere un semplice sguardo compassionevole, una mano tesa, o l'ascolto senza giudizio. Nella solitudine questo atto di essere presenti diventa una medicina curativa, risvegliando il senso di appartenenza e di comprensione reciproca.

Ti invito ad abbracciare la bellezza di essere presenti. Coltiva la consapevolezza nel tuo modo di relazionarti con gli altri. Lascia che il calore della tua presenza risvegli le connessioni che possono essere sopite nella solitudine. Infatti in quel momento condiviso, nel tocco delicato del presente, troviamo il vero antidoto alla solitudine, una connessione umana autentica che ci accompagna nel viaggio della vita.

Nel cuore della solitudine c'è l'opportunità straordinaria di rinascere attraverso le relazioni. La solitudine stessa diventa il terreno fertile in cui piantare i semi di nuovi legami, di connessioni autentiche che fungono da linfa vitale per la rinascita dell'anima.

Rinascere attraverso le relazioni non è solo un atto di connessione con gli altri, ma un processo di riscoperta di noi stessi. È come un fiore che sboccia nel deserto, portando con sé i colori vibranti della vitalità.

Le relazioni diventano lo specchio in cui osserviamo la nostra crescita, un cammino condiviso che ci accompagna oltre i confini della solitudine.

Nel contesto delle relazioni autentiche scopriamo la bellezza di essere accettati per ciò che siamo, con le nostre virtù e fragilità. Le relazioni diventano uno specchio amorevole che riflette la nostra essenza più profonda, un balsamo che lenisce le ferite della solitudine e ci avvolge nell'abbraccio di una comunità che ci sostiene.

La rinascita attraverso le relazioni è un atto di coraggio e fiducia. Significa aprirsi alle possibilità, anche se il passato è stato segnato da delusioni e solitudine. È un impegno a coltivare nuovi legami, a lasciare andare le paure che ci tengono ancorati al passato, e a permettere ai germogli delle nuove relazioni di crescere.

Ti incoraggio a guardare alle relazioni come agli alleati nella tua rinascita. Sii aperto alle nuove connessioni, lasciati ispirare dagli altri e, nel farlo, scoprirai che la solitudine può diventare la linfa vitale per una rinascita straordinaria. Attraverso le relazioni autentiche la solitudine si dissolve e ci ritroviamo immersi in una nuova storia, fatta di legami che ci nutrono e ci accompagnano in un viaggio colmo di significato e crescita.

CAPITOLO 4

L'ARTE DI CONDIVIDERE LE FERITE

Nella danza intricata della solitudine impariamo che condividere le ferite è un atto di coraggio e compassione. Ogni cicatrice racconta una storia, e nell'atto di rivelare le nostre vulnerabilità, troviamo la connessione e la guarigione.

I ponti di esperienza sono quei legami invisibili che si creano quando decidiamo di condividere le nostre ferite con gli altri. Ogni cicatrice diventa un tassello di un ponte che collega le storie di chi ha attraversato le tempeste della vita. Questi ponti sono costruiti non solo da dolori condivisi, ma anche da momenti di resistenza, di resilienza e di rinascita.

Quando ci apriamo e mostriamo le nostre ferite costruiamo il ponte della nostra esperienza, offrendo agli altri la possibilità di attraversare il fiume della solitudine insieme a noi. I ponti di esperienza non solo uniscono le nostre storie, ma ci permettono di camminare fianco a fianco, di sostenere e comprendere reciprocamente il peso delle nostre cicatrici.

Questi ponti non sono solidi come pietra, ma elastici come corde tese tra anime affini. Sono connessioni che si fanno più forti nel momento in cui le esperienze si intrecciano, creando un tessuto di comprensione umana che è in grado di sopportare le tempeste dell'esistenza.

Nel creare ponti di esperienza, impariamo che la solitudine può essere trasformata in un luogo di incontro. Ogni cicatrice diventa una testimonianza della nostra umanità condivisa, una dichiarazione coraggiosa che dice: "Non sono solo. Tu non sei solo. Siamo in questo insieme." È un invito a condividere il peso delle ferite, a camminare insieme lungo il sentiero tortuoso della vita.

Questi ponti ci insegnano che la bellezza delle nostre storie non risiede solo nelle gioie, ma anche nella nostra capacità di affrontare le avversità e di emergere trasformati. Attraverso i ponti di esperienza, scopriamo che la solitudine può essere il terreno fertile in cui piantare i semi della connessione umana, creando un paesaggio di comprensione reciproca che colora la nostra esistenza con sfumature di empatia e solidarietà.

L'inganno della solitudine è una tela sottile tessuta dai fili dell'isolamento emotivo, un illusorio sipario che nasconde la verità della nostra connessione umana. Può sembrare, a volte, che la solitudine sia un muro impenetrabile, un isolamento autoimposto che ci separa dagli altri.

Tuttavia, questa percezione ingannevole si dissolve quando riveliamo che la solitudine non è un destino ineluttabile, ma piuttosto un invito a esplorare nuovi modi di connessione. È un inganno perché, dietro il velo della solitudine, si nascondono opportunità nascoste di comprensione e vicinanza.

La solitudine può farci credere che le nostre ferite siano un marchio di isolamento, quando in realtà sono ponti che collegano le nostre esperienze. Quando condividiamo le nostre cicatrici, emergiamo dal buio della solitudine e troviamo la luce di chi, come noi, ha attraversato la propria notte dell'anima.

Questo inganno si dissolve nell'atto di condividere. Mentre apriamo il nostro cuore e mostriamo le vulnerabilità che custodiamo, scopriamo che la solitudine si sfalda, rivelando il terreno comune di emozioni, paure e speranze che tutti condividiamo. L'inganno sta nel farci credere che siamo soli, quando, in realtà, c'è una rete invisibile di umanità che ci avvolge.

In questo paradosso della solitudine impariamo che la distanza tra le anime è spesso più piccola di quanto possiamo immaginare. È un'illusione che si sgretola quando ci apriamo agli altri, quando permettiamo che la verità della nostra umanità emerga dal bagliore delle nostre esperienze condivise.

L'inganno della solitudine è una chiamata alla consapevolezza, una sfida a vedere oltre le apparenze e ad abbracciare la verità che siamo tutti interconnessi. È un invito a smantellare le barriere emotive che ci tengono separati e a riconoscere che, anche nella solitudine apparente, esiste un filo invisibile che ci lega l'uno all'altro.

La fiducia scambiata è un rituale sacro che si svolge nel santuario dell'umanità condivisa. È un gesto che va al di là delle parole, un'intimità condivisa che crea legami indissolubili tra le anime. Quando ci apriamo agli altri e mostriamo le nostre vulnerabilità, stiamo in realtà tessendo una trama invisibile di fiducia reciproca.

Questo scambio di fiducia è un atto di coraggio e speranza. È come affidare un pezzo del proprio cuore nelle mani di un altro, sperando che lo trattino con la gentilezza e la delicatezza che merita. Nella fiducia scambiata c'è una bellezza vulnerabile che fiorisce come un delicato fiore nel giardino delle relazioni umane.

La fiducia è un regalo prezioso che ci concediamo a vicenda. Quando decidiamo di condividere le parti più profonde di noi stessi stiamo costruendo un ponte di fiducia che collega le nostre anime. Questo atto non è solo una dichiarazione di apertura, ma anche una richiesta di connessione autentica da parte dell'altro.

In questo scambio reciproco di fiducia impariamo che non siamo soli nel nostro viaggio emotivo. La fiducia diventa una lanterna che illumina il cammino attraverso le ombre della solitudine. È un faro che ci guida oltre il mare tempestoso delle incertezze, verso la riva sicura della comprensione reciproca.

La fiducia scambiata è una danza sottile tra le anime, un'intesa silenziosa che parla di un legame profondo. Nel confidare nelle esperienze altrui scopriamo che la fiducia è un tesoro condiviso, che cresce man mano che ci sveliamo l'un l'altro. È un ciclo di dare e ricevere che rafforza i legami e riscalda l'atmosfera intima delle relazioni autentiche.

In questo capitolo del nostro percorso rifletti sulla fiducia scambiata come un rituale di connessione.

Abbraccia la bellezza di dare fiducia e permetti agli altri di farlo con te. Scambia le tue paure con la fiducia, sperimentando la magia di una connessione profonda che si sviluppa quando le anime si affidano l'una all'altra nella danza delicata dell'umanità condivisa.

L'ascolto empatico è come una melodia dolce che risuona nell'atmosfera delle relazioni umane, un'arte delicata che trasforma la solitudine in un dialogo condiviso. Quando ci immergiamo nell'ascolto empatico, entriamo in un regno in cui le parole sono intrecci di emozioni e le esperienze sono condivise attraverso il battito dei cuori.

Questo tipo di ascolto non è solo un atto di udire le parole pronunciate, ma un'esperienza profonda di comprendere il significato sottostante. È come sintonizzare la propria anima sulla frequenza emotiva di chi parla, entrando in un luogo in cui il silenzio può parlare più forte delle parole.

Nell'ascolto empatico ci mettiamo in pausa per lasciare spazio alle storie degli altri. Smettiamo di giudicare e di formulare risposte mentre immergiamo le nostre anime nelle acque calme della comprensione. È un atto di generosità emotiva, in cui diventiamo custodi delle emozioni altrui, offrendo un rifugio sicuro per le verità più intime.

Attraverso l'ascolto empatico rompiamo le barriere dell'isolamento. Le nostre anime si toccano in modo sottile e la solitudine si dissolve quando riconosciamo e condividiamo le esperienze altrui. È un dialogo del cuore, in cui il narratore e l'ascoltatore danzano insieme sulla melodia delle emozioni, creando un legame che va oltre le barriere della solitudine.

Questo tipo di ascolto è un atto di amore incondizionato. Quando ascoltiamo empaticamente doniamo il nostro tempo, la nostra presenza e il nostro cuore. Ci immergiamo nelle parole dell'altro come se fossero le pagine di un libro aperto, pronti a imparare e a comprendere. È un atto di profonda connessione, che rafforza il tessuto delle relazioni umane.

In questo punto della nostra esplorazione ti invito a praticare l'ascolto empatico. Abbandona la fretta del rispondere e immergiti completamente nelle storie degli altri. Scopri come questo atto di generosità può diventare una chiave magica che apre porte nascoste, trasformando la solitudine in un dialogo intimo e condiviso.

CAPITOLO 5

RISCOPRIRE IL POTERE DELLE RELAZIONI UMANE

Nel cuore della nostra esistenza riscopriamo il potere trascinante delle relazioni umane. Sono legami che vanno oltre il superficiale, intrecciando i fili delle nostre storie e trasformando la solitudine in una danza condivisa. In questo capitolo esploreremo il delicato equilibrio degli affetti e il modo in cui le relazioni possono diventare una chiave magica per aprire le porte della nostra anima.

Il viaggio magico delle connessioni è come un incantesimo che avvolge il nostro cuore in una sinfonia di emozioni e scoperte. Ogni connessione è una tappa preziosa in questo itinerario, una pagina che aggiunge profondità al racconto della nostra esistenza. Quando ci immergiamo in questo viaggio scopriamo che la forza delle connessioni non risiede solo nella destinazione, ma nei passi che compiamo insieme.

Ogni incontro significativo è un capitolo nel nostro libro emotivo, una storia intessuta di momenti condivisi, risate, e persino lacrime. Le connessioni umane sono come luci guida lungo il sentiero della nostra solitudine, offrendoci calore nei momenti bui e compagnia nelle notti dell'anima.

Questo viaggio ci insegna che non siamo soli nei nostri sforzi. Le connessioni diventano sostegno quando incrociamo le vite degli altri, e il peso della solitudine si allenta quando camminiamo insieme.

Ogni connessione è un legame che stringe il cuore, un ponte che supera le distanze e ci avvicina agli altri in modi che spesso superano la comprensione.

Nel viaggio magico delle connessioni impariamo che la solitudine può essere trasformata in un terreno fertile di condivisione e comprensione. Attraverso le connessioni, diventiamo tessitori di storie condivise, creando quadri emozionali che decorano il nostro percorso. Ogni incontro è un'opportunità di crescita, una lezione imparata attraverso l'ascolto e la condivisione reciproca.

Le connessioni umane diventano un balsamo per l'anima, curando le ferite invisibili della solitudine. Nel viaggio scopriamo che la forza delle connessioni risiede nella vulnerabilità, nell'aprire il nostro cuore agli altri e nel permettere agli altri di fare lo stesso. È un viaggio in cui le distanze si riducono e il senso di appartenenza si rafforza, facendoci sentire parte di un universo più vasto di relazioni e significato.

Attraverso il viaggio magico delle relazioni, impariamo che ogni incontro è un tassello prezioso nel mosaico della nostra esistenza. Camminiamo insieme, illuminando la strada con la luce delle connessioni, consapevoli che ogni passo è un contributo al racconto unico che stiamo scrivendo insieme.

Oltre le superfici, in quel regno intimo dell'autenticità, scopriamo la bellezza disarmante di essere veramente noi stessi. È un viaggio dentro le profondità dell'anima, dove le maschere cadono, e ci sveliamo nella nostra autenticità cruda e senza riserve.

In questo spazio sacro abbracciamo la bellezza di ciò che siamo, imperfezioni e tutto.

L'autenticità è come un faro che illumina il cammino attraverso la selva oscura delle relazioni umane. Quando ci permettiamo di essere vulnerabili, di condividere le nostre gioie e le nostre ferite, ci apriamo a un mondo di connessioni sincere. È come spogliarsi degli abiti della convenzionalità e mostrare al mondo la nudità della nostra autentica essenza.

In questo regno dell'autenticità, incontriamo la vera reciprocità. Gli altri possono vedere il nostro vero io, e noi possiamo abbracciare il loro. Ci sperimentiamo in tutta la nostra umanità, eppure, scopriamo che essere accettati così com'è è il più grande dono che possiamo ricevere. È un terreno fertile per relazioni che crescono poiché ciò che siamo autenticamente si intreccia con la verità di chi ci sta di fronte.

La bellezza dell'autenticità risiede anche nella liberazione che porta con sé. Quando ci sganciamo dalle aspettative esterne e abbracciamo chi siamo davvero, sperimentiamo una leggerezza che solo l'autenticità può offrire. È come liberare un peso che abbiamo portato troppo a lungo, consentendo alla nostra anima di respirare e di danzare liberamente.

Ma l'autenticità non è solo un atto di rivelazione di sé, è anche uno specchio che riflette la vera essenza degli altri. Quando riconosciamo e apprezziamo l'autenticità negli altri, costruiamo ponti che superano le barriere delle differenze e ci uniamo nel riconoscimento di un'umanità condivisa.

In questo punto della nostra esplorazione, celebriamo la bellezza dell'autenticità. Ci immergiamo nel coraggio di essere veri, di condividere la nostra autenticità con il mondo e di aprirci alle autentiche esperienze degli altri. Attraverso questa bellezza disarmante, scopriamo che l'autenticità è il terreno fertile in cui germoglia la vera connessione, rendendo il nostro viaggio umano ancora più prezioso e significativo.

La magia dei piccoli momenti è come una melodia delicata che suona nell'orchestra delle nostre giornate, un tocco sottile che arricchisce il tessuto delle nostre relazioni umane. Spesso, sono quei momenti insignificanti, apparentemente trascurabili, che si rivelano come gemme preziose lungo il sentiero della nostra vita.

Sono i sorrisi che si scambiano, come raggi di sole che squarciano le nuvole della giornata. Sono le parole gentili, come carezze leggere che leniscono le ferite invisibili. I piccoli gesti di premura sono come fiori che sbocciano nei giardini dell'anima, colorando la nostra esistenza con petali di gioia e compassione.

In questi momenti troviamo la magia di un contatto visivo sincero che trasmette più emozioni di mille parole. È l'ascolto attento, quando qualcuno dedica il proprio tempo per capire davvero, senza giudicare. La magia risiede nei gesti spontanei, che rivelano un cuore generoso e la volontà di condividere la propria positività.

La bellezza dei piccoli momenti è che spesso emergono quando meno ce lo aspettiamo, rendendoli ancora di più preziosi. Sono come diamanti nascosti tra le pieghe della routine quotidiana, pronti a brillare quando il cuore è aperto e attento. La magia si manifesta quando permettiamo a questi momenti di fiorire, quando li coltiviamo come giardini segreti di connessione umana.

Questi piccoli momenti sono come frammenti di poesia nelle pagine della nostra vita. Sono le pause dolci in una sinfonia frenetica, che offrono respiro e riflessione. Quando riconosciamo e celebriamo la magia dei piccoli momenti, scopriamo che sono i mattoni preziosi che costruiscono il palazzo delle relazioni significative.

Immergiamoci quindi nella magia dei piccoli momenti. Rallentiamo il passo e osserviamo attentamente il mondo intorno a noi. Scopriamo che, anche nei dettagli più modesti, si cela un potenziale straordinario per connetterci con gli altri e rendere la nostra vita un'esperienza ricca di significato e bellezza autentica.

Risorgere con le relazioni è come un rituale di rinascita, un'affermazione che ci alza dalle profondità della solitudine e ci consente di sbocciare nell'abbraccio caloroso delle connessioni umane. Quando ci permettiamo di immergerci completamente nelle relazioni scopriamo che ogni incontro è una nuova alba, un'opportunità di rinnovamento e crescita.

Le relazioni diventano il terreno fertile in cui i semi dell'autenticità e della comprensione reciproca germinano. È come essere immersi in una fontana di rinascita, in cui le acque fresche cancellano le tracce delle ferite passate e ci permettono di emergere nella bellezza di chi siamo diventati attraverso l'interazione con gli altri.

Risorgere con le relazioni significa anche accogliere il cambiamento. Ogni connessione è un'opportunità di trasformazione, un invito a lasciare andare vecchi schemi e abbracciare nuove prospettive. Ci apriamo alla possibilità di diventare versioni migliorate di noi stessi, ispirati e plasmati dalle esperienze condivise.

È come un viaggio di guarigione in cui le relazioni diventano il balsamo per le ferite dell'anima. Quando condividiamo le nostre esperienze con gli altri e ci apriamo alle loro storie troviamo conforto nel sapere che non siamo soli nei nostri sforzi. La solitudine si dissolve nella comprensione condivisa e la forza delle relazioni diventa il nostro rifugio emotivo.

Risorgere con le relazioni è anche una lezione di resilienza. Attraverso i momenti difficili e le sfide, ci sosteniamo a vicenda, costruendo una rete di supporto che ci sostiene nei momenti bui. La bellezza di questo processo risiede nella consapevolezza che la forza delle relazioni è un dono reciproco: ci eleviamo insieme, e ogni trionfo è condiviso nella gioia collettiva.

In questo capitolo della nostra esplorazione abbiamo celebrato la possibilità di risorgere con le relazioni. Scopriamo come ogni connessione è un'opportunità di rinascita, come possiamo abbracciare il cambiamento e guarire attraverso le interazioni umane. Risorgiamo, insieme, nell'abbraccio amorevole delle relazioni che ci plasmano e ci permettono di fiorire nel giardino condiviso della nostra umanità.

CAPITOLO 6

DAL DOLORE ALLA FORZA: COLTIVARE LA RESILIENZA EMOTIVA

Nel tessuto delle nostre vite, il dolore è un filo che intreccia le trame delle esperienze umane. Tuttavia, dalla tessitura di questo dolore emergono anche forza e resilienza. In questo capitolo esploreremo il viaggio emotivo che ci porta dal dolore alla forza interiore, imparando a coltivare la resilienza emotiva che ci permette di risorgere e crescere nonostante le sfide.

Il viaggio attraverso il dolore è come una navigazione nei mari tumultuosi dell'anima, un'odissea intrisa di emozioni che si snoda attraverso le tempeste e le calme apparenti. Ogni esperienza dolorosa è un capitolo nel nostro libro emotivo, una pagina che spesso vorremmo non dover mai scrivere ma che, paradossalmente, ci definisce e ci plasma.

Quando affrontiamo il dolore ci troviamo di fronte a un bivio: possiamo lasciarci travolgere dalle onde impetuose o imparare a navigare con esse. È un viaggio che inizia con la consapevolezza del dolore, come un brivido improvviso che ci attraversa il corpo. Accettare questo dolore è il primo passo, un atto di coraggio che ci permette di guardare in faccia la sofferenza anziché scappare da essa.

Il viaggio attraverso il dolore ci porta anche ad esplorare le profondità della nostra anima. Ci immergiamo nelle emozioni oscure, scavando nelle pieghe più remote del nostro essere. È un percorso di auto-rivelazione, dove scopriamo aspetti di noi stessi che forse avevamo dimenticato o che non sapevamo esistessero. Nella vulnerabilità di questo viaggio, troviamo la forza di accettare la nostra umanità con tutte le sue contraddizioni.

La solitudine spesso accompagna il dolore, ma nel viaggio attraverso le tenebre, scopriamo anche il potere delle connessioni umane. Gli altri diventano guide e sostegno, compagni di viaggio che condividono le loro storie di resilienza. È come formare una flotta di navi in un mare agitato, dove ciascuna imbarcazione si sostiene a vicenda attraverso le tempeste, navigando insieme verso un orizzonte di speranza.

Il viaggio attraverso il dolore ci insegna che la guarigione è un processo graduale, una danza lenta tra il lasciar andare e il ricominciare. Attraverso il dolore riscopriamo la nostra forza interiore, una risorsa che spesso ignoriamo nelle giornate serene. È un viaggio di crescita personale, in cui il dolore diventa il terreno fertile in cui germogliano i semi della saggezza e della consapevolezza.

Attraverso le sue insidie e le sue lezioni impariamo che il viaggio non è solo una lotta, ma anche un'opportunità di scoperta e di crescita personale.

Nella trama intricata del dolore troviamo la strada per risorgere, emergendo dalla profondità con una nuova consapevolezza e una forza che solo il viaggio attraverso il dolore può conferire.

Abbracciare la vulnerabilità è come concedersi la

libertà di spogliarsi delle corazze che indossiamo quotidianamente. È un atto di coraggio, una danza delicata con la verità di chi siamo realmente. Quando ci permettiamo di essere vulnerabili, gettiamo via le maschere che celano le nostre paure, le nostre incertezze e i nostri desideri più profondi.

La vulnerabilità è come aprire il nostro cuore, esponendo le parti più intime di noi stessi al mondo. È come ammettere di non avere tutte le risposte, di essere imperfetti e fragili. In questo atto di sincerità, troviamo una forza straordinaria, poiché la vulnerabilità è il terreno fertile in cui germogliano connessioni autentiche e relazioni significative.

Spesso ci è stato insegnato che mostrare la vulnerabilità è segno di debolezza, ma in realtà è il contrario. È un segno di autenticità, di umanità condivisa. Quando ci apriamo agli altri, creiamo ponti invisibili che ci collegano con le esperienze altrui. La vulnerabilità diventa un legame, una forza che ci unisce nella comprensione reciproca.

Abbracciare la vulnerabilità ci consente di abbandonare il peso di dover essere perfetti e invulnerabili. Ci libera dal bisogno di mascherare le nostre emozioni e ci permette di vivere in modo più autentico. Quando riconosciamo la bellezza della nostra vulnerabilità scopriamo che è un catalizzatore per l'amore proprio e per l'accettazione di chi siamo.

È in questo abbracciare la vulnerabilità che troviamo la connessione più profonda con gli altri. Quando condividiamo le nostre paure, speranze e sogni, ci rendiamo conto che siamo tutti viaggiatori simili su questo sentiero della vita. La vulnerabilità diventa una lingua universale che tutti comprendono, un ponte che collega le anime attraverso la sincerità.

In questo capitolo del nostro percorso emotivo celebriamo la bellezza di abbracciare la vulnerabilità.

Esploriamo il potere di mostrare la nostra autenticità, di gettar via gli scudi e permettere alle nostre vulnerabilità di risplendere. Attraverso questa pratica impariamo che la vulnerabilità è la chiave che sblocca porte di connessione umana autentica e ci guida verso una comprensione più profonda di noi stessi e degli altri.

La forza della condivisione è come un rifugio caldo in cui ci avvolgiamo quando il freddo del dolore ci pervade. Quando decidiamo di condividere il nostro carico emotivo con gli altri, apriamo le porte della nostra anima, permettendo agli altri di entrare e illuminare le stanze oscure dei nostri pensieri e sentimenti più intimi.

Condividere è un atto di generosità verso noi stessi e gli altri. Quando ci azzardiamo a raccontare la nostra storia, a svelare le nostre ferite, creiamo spazi di comprensione reciproca. È come illuminare una stanza buia con una candela, dissipando le ombre che il dolore proietta sulla nostra vita.

La forza della condivisione risiede anche nell'empatia che scaturisce da questo atto. Quando gli altri ascoltano la nostra storia, non solo comprendono il nostro dolore, ma si connettono anche alle emozioni che esso suscita. È come tessere fili invisibili tra le anime, costruendo un ponte di comprensione che supera le barriere dell'isolamento.

Inoltre, la condivisione è un catalizzatore per la guarigione. Quando mettiamo in parole il nostro dolore iniziamo il processo di esorcizzare i demoni interiori. È come liberare le emozioni intrappolate, permettendo loro di fluire e lasciare spazio a nuove prospettive e possibilità di crescita.

La forza della condivisione si manifesta anche nella creazione di una comunità di supporto. Quando troviamo persone disposte ad ascoltare e comprendere, costruiamo un network di connessioni che diventano pilastri solidi durante le tempeste emotive. Insieme possiamo affrontare il dolore e cercare vie per risorgere più forti di prima.

Coltivare la resilienza attraverso le relazioni è come piantare un giardino d'amore e supporto reciproco, dove ogni connessione diventa un seme prezioso per la crescita emotiva. Nelle relazioni autentiche, troviamo un terreno fertile dove i nostri cuori possono radicare, crescere e fiorire, anche durante i temporali della vita.

Le relazioni diventano un rifugio in cui coltivare la resilienza significa sostenersi a vicenda attraverso le tempeste emotive. Come alberi solidali che si intrecciano ci sosteniamo reciprocamente, offrendo forza quando l'altro vacilla. È in queste connessioni che troviamo il comfort necessario per affrontare le sfide, perché non siamo soli nel nostro viaggio.

La resilienza attraverso le relazioni implica anche la capacità di apprendere dagli altri. Ogni persona con cui interagiamo può diventare un maestro nella nostra scuola della vita. Attraverso il confronto con le esperienze altrui impariamo nuove prospettive, strategie di coping e modi di affrontare le difficoltà. Le relazioni diventano libri aperti da cui trarre insegnamenti preziosi.

La connessione profonda con gli altri è il nutrimento essenziale per la resilienza. Quando ci apriamo alle persone che ci circondano, quando condividiamo le gioie e i dolori della vita, costruiamo ponti indelebili che ci sostengono durante i periodi difficili. È come tessere una rete invisibile, una rete di amore e comprensione reciproca che ci avvolge come un abbraccio caloroso.

Inoltre, coltivare la resilienza attraverso le relazioni, significa essere disposti a perdonare e a lasciar andare. Le relazioni possono attraversare periodi difficili, ma la capacità di superare le incomprensioni e di mantenere la connessione è un segno di forza e maturità emotiva. La resilienza diventa così un legame che resiste alle intemperie del tempo.

L'arte di risorgere è come dipingere un quadro vibrante con i colori dell'autenticità e della rinascita. È un'esperienza profonda che richiede pazienza, autocura e il coraggio di guardare oltre le ferite del passato. Come artisti delle nostre vite, impariamo a trasformare il dolore in capolavori di resilienza, con la consapevolezza che ogni pennellata contribuisce a un quadro più ampio.

Risorgere è un atto di coraggio, una decisione consapevole di non permettere al passato di definire il futuro. È come plasmare l'argilla della nostra esistenza, modellando una nuova forma che riflette la forza emergente dal caos. Nel processo di risurrezione diventiamo scultori delle nostre stesse anime, scolpendo le cicatrici con la maestria di chi trasforma il dolore in testimonianza di crescita.

L'arte di risorgere implica anche la volontà di abbracciare il cambiamento. Come una farfalla emergente dal bozzolo ci liberiamo delle vecchie versioni di noi stessi per abbracciare la trasformazione. Risorgere è un atto di rinnovamento, di accettazione delle nuove sfaccettature di chi siamo diventati attraverso le sfide e le lezioni apprese.

Nel processo di risurrezione impariamo a danzare con la musica della vita, anche quando la melodia sembra discordante. È come imparare a camminare di nuovo dopo una caduta, a sollevare le ali della speranza quando sembrano appesantite. Risorgere è un'arte che ci insegna a trovare la bellezza nella nostra vulnerabilità, a vedere il coraggio nei momenti di paura.

La consapevolezza dell'arte di risorgere si trasforma in un faro di speranza. Quando ci impegniamo in questo processo creativo, diventiamo autori delle nostre storie di resilienza. Scriviamo nuovi capitoli che narrano di crescita, accettazione e la forza di risorgere dalle ceneri. L'arte di risorgere è una sinfonia di rinascita, una composizione che continua a suonare anche nei momenti più bui.

CAPITOLO 7

AFFERMAZIONI POSITIVE: ILLUMINARE IL CAMMINO

Nel buio della solitudine le affermazioni positive diventano luci scintillanti che illuminano il nostro cammino interiore. In questo capitolo esploreremo il potere trasformativo delle parole, imparando come le affermazioni positive possono diventare guide luminose nella nostra ricerca di guarigione e autenticità.

L'arte di creare realtà è come dipingere un quadro vivido con i pennelli della nostra mente, colorando la tela della nostra esistenza con tonalità di speranza e possibilità. In un mondo spesso dominato da sfide e incertezze questa pratica diventa una forma di ribellione positiva, un atto di resistenza contro il buio che può avvolgere il cuore solitario.

Quando ci immergiamo nell'arte di creare realtà diventiamo pittori della nostra esperienza. Ogni pennellata di pensiero positivo è come un tocco di colore che trasforma la tristezza in serenità, la paura in coraggio. È un'opera d'arte in costante evoluzione, dove siamo gli artisti della nostra narrazione personale, capaci di cambiare il contesto della nostra realtà con la forza delle parole interiori.

Questa pratica richiede consapevolezza e intenzionalità. È un atto di auto-amore, una decisione di coltivare pensieri che nutrano la nostra anima anziché imprigionarla nella rete delle preoccupazioni.

Nel mezzo della solitudine, l'arte di creare realtà diventa una forma di autenticità, una dichiarazione audace contro il potere paralizzante della negatività.

In questo processo creativo riconosciamo il potere di plasmare la nostra percezione. Ci rendiamo conto che le parole che diciamo a noi stessi diventano gli architetti della nostra realtà interiore. Attraverso affermazioni come "sono abbastanza", "merito amore" e "posso superare le sfide", costruiamo una base solida su cui poggiare la nostra esistenza, sfidando le ombre della solitudine con la luce della nostra autenticità.

L'arte di creare realtà è anche un atto di fiducia nel potenziale di cambiamento. Riconosciamo che, nonostante le circostanze avverse, abbiamo il potere di trasformare la nostra visione del mondo. In questo processo, diventiamo architetti della nostra evoluzione personale, lavorando per costruire ponti di speranza attraverso le parole.

Rompere le catene della negatività è un atto di liberazione, una fuga audace dalle prigioni oscure che la solitudine può costruire attorno al nostro spirito. È come spezzare i legami invisibili che imprigionano la nostra capacità di vedere la luce nelle situazioni più buie.

Nel silenzio della solitudine le catene della negatività possono stringere il nostro cuore, rendendoci prigionieri di pensieri che ci imprigionano in un ciclo distruttivo. Rompere queste catene è come liberare un uccello rinchiuso in una gabbia, permettendo all'anima di volare libero nell'ampio cielo della possibilità e dell'ottimismo.

Questo processo richiede una consapevolezza profonda delle catene che ci legano. Rompere le catene della negatività inizia con il riconoscimento delle paure, delle insicurezze e delle convinzioni limitanti che ci tengono prigionieri. È come illuminare le ombre, permettendo alla luce della consapevolezza di penetrare nei recessi più oscuri della nostra mente.

Infrangere queste catene richiede anche coraggio. È l'atto di sfidare lo status quo, di alzarsi contro la voce interna che sussurra dubbi e timori. Rompere le catene della negatività è una dichiarazione audace di autostima e di fiducia nella propria capacità di trasformare la prospettiva, anche quando tutto sembra avvolto nell'oscurità.

La pratica quotidiana diventa un martello che spezza gradualmente le catene. Attraverso affermazioni positive la gratitudine e la focalizzazione su pensieri costruttivi, iniziamo a indebolire gli anelli che ci trattengono. È come intrecciare fili di forza emotiva che, un passo alla volta, si trasformano in un potente strumento di liberazione.

La guarigione attraverso le parole è un viaggio profondo nel regno dell'anima dove ogni frase diventa un balsamo curativo per le ferite invisibili che la solitudine può infliggere. È come tessere un canto di conforto che avvolge il cuore dolorante, trasformando il dolore in una melodia di speranza e resilienza.

Nel silenzio della solitudine le parole diventano alleate preziose nella ricerca della guarigione interiore. Esploriamo come ogni parola gentile, ogni affermazione di amore e ogni promessa di autenticità siano come cerotti per le cicatrici emotive. La guarigione attraverso le parole inizia con il potere di nominare il dolore, di esprimerlo con coraggio, dando voce alle emozioni che altrimenti rimarrebbero sepolte nell'ombra.

Le parole diventano medicina per l'anima, una pozione magica che lenisce le ferite e libera il cuore dalle catene della sofferenza. In questo processo di guarigione impariamo a selezionare con cura le parole che pronunciamo a noi stessi. È come piantare semi di gentilezza e amore nel terreno fertile della nostra coscienza, consentendo a germogli di autostima e autocompassione di crescere.

La guarigione attraverso le parole è anche un atto di condivisione. Quando condividiamo la nostra storia, quando permettiamo alle parole di fluire come un fiume, non solo guariremo noi stessi, ma diventeremo anche fonte di ispirazione e guarigione per gli altri. Le parole diventano ponti tra cuori, connettendo esperienze umane in un abbraccio di comprensione reciproca.

La pratica quotidiana diventa il rituale sacro della guarigione attraverso le parole. Dalle affermazioni positive alla scrittura riflessiva, ogni parola scritta o pronunciata diventa un atto di autenticità. Attraverso la ripetizione di parole che nutrono l'anima creiamo un canto costante di guarigione, una melodia che risuona nell'intimità del nostro essere.

Le affermazioni come guida spirituale sono come stelle luminose nel cielo notturno della solitudine, che offtono una bussola per orientarci attraverso le tenebre emotive. In questo paragrafo esploreremo il potere trasformativo di queste dichiarazioni, capendo come diventano un faro di speranza e direzione nel nostro viaggio interiore.

Nel silenzio della solitudine, dove il cuore può sentirsi smarrito, le affermazioni diventano il nostro compagno di viaggio spirituale. Sono come mantra che ci guidano attraverso le insidie del dubbio e della paura, creando una melodia costante di fiducia nelle nostre capacità e di connessione con la nostra essenza più profonda.

Le affermazioni diventano la voce rassicurante che ci sussurra all'orecchio nei momenti di incertezza. Sono come promemoria della nostra forza interiore, una voce che ci incoraggia a perseverare anche quando la strada sembra ripida. In questo modo diventano l'ancora che tiene saldo il nostro spirito quando le onde della solitudine minacciano di portarci via.

Queste dichiarazioni diventano il rituale sacro della nostra pratica spirituale quotidiana. Attraverso la ripetizione di parole che nutrono l'anima, creiamo un legame profondo con il nostro sé più autentico. Le affermazioni diventano un modo di onorare la nostra connessione con qualcosa di più grande di noi stessi, una pratica di umiltà e riconoscimento della nostra parte nel vasto tessuto dell'esistenza.

In questo processo le affermazioni diventano specchi che riflettono la nostra essenza più luminosa. Sono come un raggio di luce che illumina la strada davanti a noi, permettendoci di avanzare con fiducia nel mistero della solitudine. Le affermazioni diventano così una guida spirituale, un faro che ci invita a esplorare le profondità della nostra anima e a scoprire la connessione universale che ci lega a ogni forma di vita.

Le pratiche quotidiane per nutrire l'anima sono come rituali sacri che ci permettono di coltivare il giardino della nostra interiorità, garantendo che ogni giorno sia un atto di amore verso noi stessi. In questo paragrafo, esploreremo il significato profondo di queste pratiche e come diventano un mezzo per nutrire e rigenerare la nostra anima nel contesto spesso arido della solitudine.

Nel silenzio della solitudine le pratiche quotidiane diventano il nostro rifugio, un'occasione di intimità con il nostro essere più profondo. Sono come bagni rituali di autenticità, dove ci immergiamo per purificare il cuore dalle tracce della giornata e per riscoprire la connessione con la nostra essenza più autentica.

Le pratiche quotidiane diventano anche un modo di celebrare la nostra umanità. Attraverso momenti di riflessione, meditazione o semplice consapevolezza, onoriamo il nostro viaggio, riconoscendo che ogni respiro è un dono e che ogni passo è un'opportunità di crescita. Sono come pause nell'incessante flusso della vita, che ci permettono di ritrovare il nostro centro anche quando il mondo intorno sembra caotico.

Queste pratiche diventano anche un atto di autocompassione. Nel prenderci il tempo per nutrire l'anima ci concediamo il dono della cura personale.

Sono come carezze gentili per il nostro essere interiore, una dimostrazione amorevole che ci trattiamo con la stessa premura con cui trattiamo coloro che amiamo di più.

La pratica quotidiana diventa il filo conduttore che lega insieme i giorni della nostra esistenza. Attraverso la consistenza di queste pratiche creiamo un rituale di amore e cura, come un giardino che cresce rigoglioso con ogni gesto di attenzione. Sono come il tocco leggero della primavera che risveglia la natura dopo un lungo inverno, portando nuova vitalità e colore nella nostra vita.

CAPITOLO 8

NUTRIRE L'ANIMA CON RELAZIONI SALUTARI

Nella vastità della solitudine le relazioni diventano come l'acqua che disseta il terreno secco della nostra anima. In questo capitolo esploreremo il ruolo vitale che le relazioni salutari giocano nel nutrire il nostro essere interiore. Attraverso connessioni autentiche e supporto reciproco scopriremo come le relazioni diventano un balsamo curativo nella nostra ricerca di significato e appartenenza.

Il potere trasformativo delle relazioni è come una poesia che si dipana attraverso le pagine della nostra vita, intessendo la trama dei giorni con fili di connessione che plasmano il nostro essere in modi profondi e significativi. Le relazioni, quando vissute in modo autentico, diventano fucine di crescita personale.

Sono come specchi che riflettono chi siamo e chi possiamo diventare. Attraverso il riflesso amorevole degli altri, vediamo sfumature di noi stessi che potremmo non aver scoperto da soli. Le relazioni diventano quindi un cammino di auto-esplorazione, un viaggio condiviso in cui ciascuno è un compagno di viaggio prezioso che ci accompagna attraverso le valli oscure e i picchi luminosi della nostra esistenza.

Il cuore di questa trasformazione risiede nell'empatia e nella comprensione. Quando ci sentiamo veramente visti e compresi dagli altri, siamo spinti a guardare dentro di noi con occhi più amorevoli. Il potere trasformativo delle relazioni si manifesta quando siamo accolti per ciò che siamo, con le nostre virtù e le nostre fragilità. Questa accettazione incondizionata crea uno spazio sacro in cui il nostro cuore può fiorire, abbracciando la possibilità di crescere e cambiare.

In questo processo scopriamo che le relazioni diventano il terreno fertile in cui piantare i semi dei nostri sogni e aspirazioni. Il supporto e l'incoraggiamento degli altri sono come nutrienti vitali che permettono a questi semi di radicare e crescere. Le relazioni trasformative sono un viaggio condiviso verso la realizzazione in cui ci sosteniamo l'un l'altro nel percorso di manifestazione dei nostri desideri più profondi.

Il potere trasformativo delle relazioni risuona anche nella capacità di guarigione che esse portano con sé.

Attraverso il conforto di un abbraccio la consolazione di una parola gentile o la forza che emerge dall'unione con coloro che amiamo, sperimentiamo la guarigione profonda delle ferite emotive. Le relazioni diventano così un balsamo per l'anima, un rifugio sicuro in cui possiamo lasciar andare il peso della solitudine e condividere il peso dell'esistenza umana.

Coltivare relazioni autentiche è come curare un giardino segreto, dove il terreno fertile è costellato di sincerità, rispetto e una bellezza grezza che emerge dalla condivisione aperta di chi siamo. Le relazioni autentiche iniziano con la nudità dell'anima, senza maschere né filtri. Sono spazi in cui ci permettiamo di essere vulnerabili, di condividere le nostre gioie luminose e le nostre ombre oscure. Coltivare relazioni autentiche richiede coraggio, ma è nell'atto di aprirci completamente agli altri che scopriamo la bellezza della connessione umana senza filtri.

La sincerità diventa il filo conduttore di queste relazioni. Quando siamo veri con noi stessi e con gli altri creiamo un terreno fertile per la fiducia reciproca.

Coltivare relazioni autentiche è come piantare semi di verità che crescono in alberi robusti di comprensione reciproca. In questo giardino, ciò che vediamo è ciò che è, senza inganni né illusioni.

La coltivazione di relazioni autentiche richiede anche ascolto empatico. È l'arte di essere presenti con il cuore aperto per comprendere veramente gli altri.

Quando pratichiamo l'ascolto autentico creiamo uno spazio in cui le storie di chi amiamo possono fiorire. Coltivare relazioni autentiche è quindi un atto di generosità e di amore, dove siamo pronti ad accogliere l'essenza più profonda degli altri.

Nel cuore di queste relazioni c'è anche la libertà di essere sé stessi. Coltivare relazioni autentiche significa accettare gli altri per ciò che sono, senza giudizio o tentativi di cambiamento. È come creare un giardino dove ogni fiore ha il diritto di sbocciare nel suo modo unico. Questa libertà diventa il nutrimento che alimenta la bellezza della diversità nelle nostre connessioni umane.

La guarigione attraverso il supporto reciproco è come un delicato abbraccio che avvolge il cuore, un calore rassicurante che lenisce le ferite nascoste e offre conforto quando la solitudine si fa sentire più intensamente.

Il supporto reciproco è un atto di compassione concreta. Quando ci sosteniamo a vicenda diventiamo l'ancora emotiva che tiene saldo il nostro spirito nei momenti di tempesta. È come offrire una mano calorosa quando la vita ci trascina in acque agitate, un gesto di amore che ci ricorda che non siamo soli nel nostro viaggio.

La guarigione attraverso il supporto reciproco è una danza armoniosa di dare e ricevere. Quando ci concediamo di accettare il supporto degli altri, permettiamo alle energie curative di fluire liberamente tra noi. È come un ciclo virtuoso in cui il conforto che doniamo agli altri torna a noi sotto forma di forza rinnovata, creando una rete d'amore che avvolge ciascuno di noi.

Nel tessuto di questa guarigione reciproca emergono connessioni profonde. Condividendo il nostro carico emotivo con gli altri, creiamo ponti di comprensione e fiducia. La guarigione attraverso il supporto reciproco è anche un atto di condivisione, dove ci apriamo agli altri senza timore di giudizi, consentendo alle storie di vita di intrecciarsi in un abbraccio di solidarietà.

La forza di questo supporto si manifesta quando diventiamo pilastri l'uno per l'altro. Attraverso la gentilezza, la comprensione e la presenza empatica, diventiamo testimoni viventi della forza che risiede nelle connessioni umane. La guarigione attraverso il supporto reciproco è come un canto corale in cui ognuno contribuisce con la propria melodia unica, creando una sinfonia di resilienza e amore.

La danza dell'amicizia è un poema che si dipana nei capitoli della nostra vita, un'armonia di risate condivise, lacrime condivise e momenti preziosi che si intrecciano come note melodiche in una sinfonia di connessione umana. Nella danza dell'amicizia, ogni passo è un'espressione di amore e fiducia. È come una coreografia spontanea in cui ci muoviamo insieme, imparando l'uno dall'altro, crescendo insieme nel percorso della vita. La danza dell'amicizia è un fluire naturale di connessione, un legame che supera il tempo e le distanze, come un vincolo eterno che ci tiene uniti.

La bellezza di questa danza si rivela nei momenti condivisi, piccoli e grandi. Sono i sorrisi scambiati, le parole non dette ma intese, i gesti di gentilezza che tessono la trama della nostra esperienza condivisa.

Nella danza dell'amicizia scopriamo che ogni passo ha un significato, contribuendo a un quadro più grande di affetto e reciprocità.

La danza dell'amicizia è un rifugio sicuro in cui ci apriamo senza riserve. È uno spazio in cui possiamo essere veri e autentici, condividendo i nostri sogni, le nostre paure, le nostre vittorie e le nostre sconfitte. Questa danza diventa il luogo in cui possiamo essere totalmente noi stessi, senza maschere né giudizi, una celebrazione della nostra unicità e delle connessioni che vanno al di là delle apparenze.

La forza di questa danza risiede nella sua capacità di adattarsi e evolversi. Nella danza dell'amicizia, attraversiamo varie stagioni della vita insieme.

Condividiamo le gioie entusiasmanti e affrontiamo le tempeste con coraggio. La danza dell'amicizia è come un albero che cresce, radicato nella fiducia e nella reciprocità, sfidando le tempeste e fiorendo nei momenti di calma.

CAPITOLO 9

AFFRONTARE LE PAURE: USCIRE DALLA COMFORT ZONE

Nel labirinto della solitudine le paure diventano spettri che si stagliano contro il buio dell'incertezza. In questo capitolo esploreremo il coraggioso viaggio di affrontare le paure, di lasciare la comfort zone che ci tiene prigionieri e di abbracciare il rischio che porta alla libertà emotiva.

L'abbraccio del coraggio è come un calore avvolgente che ci avvolge quando decidiamo di affrontare le nostre paure più profonde. È quel momento di intrepidezza in cui decidiamo di camminare lungo il sentiero incerto della crescita personale, nonostante il battito accelerato del cuore e le voci dubbiose nella nostra mente.

Questo abbraccio è un atto di amore verso noi stessi, una dichiarazione audace che ci meritiamo di più di una vita confinata dalle paure. È come stringere sé stessi con forza, decidendo di non permettere alle paure di definire i confini della nostra esistenza. In questo abbraccio troviamo la forza interiore di cui avevamo bisogno, un catalizzatore che ci spinge oltre i limiti autoimposti.

L'abbraccio del coraggio è un incontro con la verità più profonda di noi stessi. È il momento in cui riconosciamo che la paura è parte integrante dell'esperienza umana, ma che possiamo scegliere di non esserne prigionieri. È come voltarsi verso le ombre della nostra anima e decidere di farle diventare parte del nostro viaggio anziché ostacolarlo.

Attraverso questo abbraccio sperimentiamo la magia della trasformazione. È come se il coraggio fosse una bacchetta magica che trasforma le paure in opportunità, i dubbi in fiducia, e le sfide in trampolini per il nostro sviluppo personale. L'abbraccio del coraggio ci connette con la nostra capacità intrinseca di crescita e ci permette di diventare artefici del nostro destino.

Nell'abbraccio del coraggio troviamo anche solidarietà. È il ponte che ci collega agli altri coraggiosi viaggiatori della vita. Attraverso il nostro coraggio, ispiriamo gli altri a intraprendere i loro percorsi di crescita. È come una catena d'amore e supporto che si forma quando decidiamo di essere autentici, vulnerabili e coraggiosi insieme.

Scoprire la libertà al di là delle paure è come aprire le ali per la prima volta, sentendo la brezza dell'incerto accarezzare il volto. È quel momento in cui decidiamo di lasciare che la curiosità superi l'ansia, e ci avventuriamo audacemente in territori sconosciuti, consapevoli che il vero tesoro si trova al di là della nostra zona di comfort.

Questo viaggio è un'odissea emotiva in cui riconosciamo che la libertà non è la mancanza di paura, ma la capacità di avanzare nonostante essa. È come sollevare il sipario sulla nostra vita e abbracciare l'ignoto con il cuore aperto. In questo viaggio scopriamo che la libertà è una danza con le nostre paure, una sinfonia di coraggio che risuona attraverso le valli e le vette della nostra esistenza.

Scoprire la libertà al di là delle paure è un atto di fede in noi stessi e nella bellezza del percorso che si snoda davanti a noi. È come camminare sull'orlo di una scogliera, sentendo l'emozione mista al timore del precipizio. È il riconoscimento che, anche se incerti, siamo pronti a intraprendere il viaggio, convinti che ogni passo ci avvicini a una versione più autentica di noi stessi.

In questo viaggio di scoperta impariamo che la libertà non è solo la conquista di nuovi territori, ma anche la liberazione dalle catene autoimposte delle nostre paure. È come dissolvere i legami invisibili che ci trattengono e permettere al nostro spirito di librarsi leggero come una piuma nel vento. Scopriamo che la vera libertà è la capacità di essere noi stessi senza restrizioni, di vivere la vita con il cuore spalancato, di sperimentare ogni emozione senza freni.

Il viaggio per scoprire la libertà al di là delle paure è una poesia in movimento. È il momento in cui mettiamo da parte l'armatura delle nostre preoccupazioni e ci immergiamo nella vulnerabilità della nostra umanità. È come vedere il mondo con occhi nuovi, scoprendo la bellezza nei dettagli e assaporando ogni istante senza il peso delle paure passate.

Il viaggio dell'autenticità è un'avventura straordinaria nel cuore della nostra essenza, una ricerca profonda e coraggiosa della verità che risiede dentro di noi. È come navigare in un mare di autenticità, lasciando alle spalle le maschere che indossiamo per il mondo e immergendoci nella chiarezza trasparente della nostra autentica natura.

Questo viaggio è una testimonianza dell'amore verso noi stessi, un impegno a vivere senza compromessi e a rivelare la bellezza del nostro vero essere. È il momento in cui decidiamo di onorare la nostra autenticità, anche se questo significa andare contro le aspettative degli altri o sfidare il corso delle convenzioni sociali. È un atto di amore radicato nella consapevolezza che la nostra autenticità è il dono più prezioso che possiamo offrire al mondo.

Nel viaggio dell'autenticità impariamo a riconoscere e accettare tutte le sfumature di noi stessi. È come esplorare un paesaggio interiore variegato, abbracciando le luci brillanti e le ombre più profonde della nostra anima. In questo viaggio scopriamo che la nostra autenticità non è una perfezione statica, ma una dinamica e vibrante opera d'arte in continua evoluzione.

È attraverso il viaggio dell'autenticità che ci connettiamo con la nostra vera forza. Decidiamo di lasciarci guidare dalla voce interiore, quella voce che sussurra verità nel silenzio della nostra anima. È un atto di fiducia nel nostro istinto, nella saggezza intrinseca che ci guida verso scelte e percorsi che rispecchiano chi siamo veramente.

Questo viaggio è anche un ritorno a casa, un riconoscimento del fatto che, per molto tempo, abbiamo potuto esserci allontanati da noi stessi nel tentativo di adattarci agli standard esterni. Nel viaggio dell'autenticità, ritroviamo il senso di appartenenza a noi stessi, un'ancoraggio profondo alla nostra vera natura.

Il potere dell'accettazione è una forza silenziosa ma straordinaria che trasforma le fondamenta della nostra esperienza umana. È come aprire le porte del cuore e lasciare entrare tutte le sfumature della nostra esistenza senza giudizio, senza riserve. È un atto di amore incondizionato verso noi stessi, un riconoscimento profondo della nostra umanità.

Nel potere dell'accettazione impariamo ad abbracciare tutte le parti di noi stessi, sia quelle luminose che ci riempiono di gioia, sia quelle ombrose che potrebbero farci vacillare. È come radunare le parti disperse del nostro essere e accoglierle nel cerchio della comprensione compassionevole. Attraverso questo atto di abbraccio amoroso scopriamo che ogni emozione, ogni esperienza, è tessuto nel ricamo unico della nostra vita.

Accettare significa riconoscere che siamo opere in divenire, con le nostre cicatrici e le nostre storie complesse. È come concedere a noi stessi il permesso di essere imperfetti, di sbagliare e di imparare. Nel potere dell'accettazione troviamo il coraggio di abbandonare le maschere che indossiamo per il mondo e di mostrare la nostra autentica essenza, vulnerabile ma straordinariamente bella.

Questo atto di accettazione è una liberazione. È come sciogliere le catene autoimposte della perfezione e permettere alla nostra umanità di brillare senza restrizioni. Attraverso l'accettazione troviamo una pace profonda, una serenità che nasce dalla consapevolezza che siamo degni d'amore e dignitosi di appartenere.

Nel potere dell'accettazione sperimentiamo la magia della trasformazione interiore. È come trasmutare il piombo delle nostre paure in oro di comprensione. Accettare ci permette di abbracciare la totalità di chi siamo e di crescere oltre le limitazioni autoimposte. È un cammino verso l'autenticità, in cui riconosciamo che la bellezza risiede proprio nelle nostre imperfezioni.

La guarigione nel coraggio è un processo delicato ma potente, una sinfonia di forza emotiva che risuona attraverso le profondità della nostra anima. È come un balsamo che lenisce le ferite invisibili, un elisir che ridona vitalità al nostro spirito, permettendoci di risorgere più forti e più interi.

Nel coraggio troviamo una medicina per le cicatrici dell'anima. È come un raggio di luce che penetra nel buio delle nostre paure e dissipa le ombre che hanno oscurato la nostra gioia. Nel coraggio troviamo il potere di affrontare ciò che ci spaventa, di superare le sfide e di abbracciare la vita con audacia e determinazione.

La guarigione nel coraggio è un atto di resilienza.

Attraverso il coraggio, ci rialziamo dopo le cadute, trasformando le esperienze dolorose in trampolini per la crescita personale. È come un albero che, anche dopo una tempesta, continua a crescere, radicato saldamente nella terra della nostra determinazione.

Nel coraggio troviamo la forza di condividere le nostre storie. È come aprire il cuore e permettere agli altri di vedere la nostra autenticità, vulnerabilità e forza. Questa condivisione diventa un atto di connessione, un ponte che unisce le nostre esperienze e ci ricorda che non siamo soli nel nostro viaggio.

La guarigione nel coraggio è un rituale di rinascita. È come emergere da un lungo inverno interiore e fiorire nella primavera della nostra nuova consapevolezza. Nel coraggio, troviamo la forza di lasciare andare il passato, di abbracciare il presente e di guardare al futuro con speranza e fiducia.

CAPITOLO 10

CREARE UNA VITA DI SIGNIFICATO E SCOPO

In questo capitolo ci immergeremo nelle profondità della ricerca di significato e scopo nella vita. È un viaggio interiore che ci invita a esplorare il cuore delle nostre passioni, a scoprire ciò che ci fa vibrare e ci dona un senso di realizzazione profonda.

Il richiamo dell'anima è una melodia intima che risuona nel silenzio del nostro essere. È come una voce sottile, ma potente, che ci invita a esplorare le profondità della nostra autenticità. In questo richiamo sentiamo il palpito delle nostre passioni e il battito del cuore delle nostre vere aspirazioni.

È un invito a sintonizzarci con la nostra essenza più autentica, a lasciare che le correnti invisibili della nostra interiorità ci guidino verso le terre inesplorate delle nostre vere inclinazioni. È come navigare nelle acque profonde del nostro sé interiore, scoprendo tesori sepolti di desideri autentici e aspirazioni che riflettono la vera essenza della nostra anima.

Il richiamo dell'anima è un invito alla scoperta, un viaggio dentro di noi per trovare ciò che ci rende veramente vivi. È come rispondere alla chiamata di una forza interiore che ci spinge a esplorare, a sperimentare e a connetterci con la parte più autentica di chi siamo. In questo viaggio scopriamo che il significato e la profondità della vita si rivelano quando ascoltiamo e rispondiamo a questo richiamo interiore.

Attraverso il richiamo dell'anima impariamo a discernere tra il clamore del mondo esterno e la quiete della nostra voce interiore. È come trovare la calma in mezzo alla tempesta, ascoltando la saggezza del nostro cuore e seguendo la bussola della nostra verità interiore. In questo ascolto profondo troviamo la chiave per sbloccare porte che conducono a una vita di autenticità e realizzazione.

Nel richiamo dell'anima sperimentiamo una connessione profonda con il nostro scopo più elevato. È come seguire una stella nel buio della notte, fidandoci della sua luce per guidarci attraverso le incertezze della vita. In questo seguire la chiamata dell'anima troviamo il sentiero che ci conduce verso una vita che rispecchia la nostra essenza più autentica.

La danza tra passione e talento è un rituale affascinante, un'armonia di forze interne che convergono nella creazione della nostra storia di vita. È come danzare con le stelle nel cielo della nostra esistenza, navigando tra le emozioni che ci accendono e le abilità innate che risplendono nella luce della nostra autenticità.

In questa danza scopriamo che la passione è il motore che alimenta il nostro spirito. È come il fuoco interiore che ci guida verso ciò che amiamo con una fiamma che non si spegne. Attraverso la passione troviamo la forza di superare le sfide, di perseverare nei momenti difficili e di abbracciare la vita con un cuore che batte all'unisono con il ritmo delle nostre aspirazioni.

La danza tra passione e talento ci insegna a riconoscere le melodie uniche che risuonano dentro di noi. È come ascoltare la sinfonia delle nostre inclinazioni naturali, dei doni che portiamo con noi sin dalla nascita. In questa consapevolezza scopriamo che i nostri talenti sono come le note di una canzone, che si fondono armoniosamente con la melodia della nostra passione, creando una composizione unica che è la nostra espressione autentica.

Attraverso questa danza impariamo a confidare nel nostro potenziale innato. È come abbracciare i talenti che ci sono stati donati, onorandoli come doni preziosi.

La danza tra passione e talento ci invita a riconoscere che la nostra autenticità fiorisce quando coltiviamo ciò che amiamo e ciò in cui eccelliamo naturalmente.

Questa danza diventa un viaggio di auto-scoperta.

È come percorrere un sentiero che rivela il panorama dei nostri desideri più profondi e delle nostre abilità innate. Nella danza tra passione e talento troviamo il terreno fertile in cui piantare i semi dei nostri sogni, nutrendoli con la cura e l'attenzione che meritano.

L'arte di servire è una sinfonia di gentilezza e compassione, un'armonia che risuona nei cuori di coloro che si dedicano ad alleviare il peso degli altri. È come dipingere un quadro di generosità, in cui ogni pennellata è un atto di amore che colora il mondo con la luce della solidarietà e dell'altruismo.

In quest'arte nobile scopriamo che servire gli altri è un'esperienza profondamente umana, un atto di connessione che unisce le anime attraverso la condivisione e la cura reciproca. È come offrire una mano amica in un momento di bisogno, creando legami che superano le barriere dell'egoismo e abbracciano la bellezza della nostra comune umanità.

L'arte di servire è un impegno a essere una fonte positiva nel mondo. È come piantare semi di gentilezza, speranza e amore, coltivando un giardino di benevolenza che fiorisce con ogni gesto altruistico. Attraverso il servizio diventiamo custodi delle necessità degli altri, offrendo il nostro tempo, le nostre risorse e la nostra attenzione con il desiderio sincero di alleviare il peso del prossimo.

Nella pratica di quest'arte impariamo che servire è un atto di gratitudine per le benedizioni che abbiamo ricevuto. È come estendere la mano a chi è meno fortunato, riconoscendo che la nostra ricchezza più grande risiede nella capacità di fare una differenza positiva nella vita degli altri. L'arte di servire ci insegna che la vera grandezza si manifesta nell'umiltà di mettere le esigenze degli altri al centro della nostra attenzione.

Attraverso l'arte di servire ci avviciniamo al cuore pulsante della nostra umanità. È come aprire le porte del nostro cuore e lasciar fluire l'amore in ogni atto di generosità. Servire diventa un'esperienza di condivisione di gioie e dolori, di sorrisi e lacrime, creando un legame invisibile che unisce le nostre storie in un racconto di solidarietà.

La ricerca del bene comune è un viaggio verso la consapevolezza collettiva, una missione di scoperta che ci impegna a coltivare un mondo in cui il benessere di tutti è al centro della nostra attenzione. È come percorrere un sentiero che abbraccia la bellezza dell'interconnessione, riconoscendo che il nostro destino è intrecciato con il destino degli altri.

In questa ricerca nobile scopriamo che il bene comune è più di una semplice coesistenza armoniosa; è una danza di responsabilità condivisa. È come riconoscere che le azioni di uno influenzano il destino di tutti, e quindi, assumersi la responsabilità di coltivare un ambiente in cui ogni individuo possa prosperare e crescere.

La ricerca del bene comune è un impegno profondo a superare le divisioni. È come sciogliere le catene dell'egoismo e del pregiudizio, abbracciando la diversità come una ricchezza anziché una minaccia.

Attraverso questa ricerca scopriamo che il vero progresso si verifica quando ci uniamo, lavorando insieme per superare le sfide globali e costruire un futuro migliore.

Nella pratica di cercare il bene comune impariamo che la compassione è il nostro più grande alleato. È come aprire il cuore agli altri, ascoltando le loro storie, comprendendo le loro necessità e rispondendo con amore e empatia. La ricerca del bene comune diventa quindi un'esperienza di connessione umana, in cui ci uniamo per alleviare il dolore degli altri e costruire un mondo più equo e giusto.

Attraverso la ricerca del bene comune ci immergiamo nella consapevolezza del nostro impatto sul pianeta. È come abbracciare la responsabilità di custodi della terra, proteggendo la natura e promuovendo uno stile di vita sostenibile. In questo impegno troviamo una connessione profonda con il mondo che ci circonda, riconoscendo che la nostra prosperità è intricatamente legata alla prosperità della terra.

Il potere della gratitudine è un raggio di luce che illumina la nostra esistenza, un abbraccio caloroso che ci avvolge nelle benedizioni quotidiane della vita. È come aprire il cuore alla bellezza del presente, riconoscendo con profonda riconoscenza ogni dono, grande o piccolo, che arricchisce il nostro cammino.

In questa pratica di ringraziamento scopriamo che la gratitudine è come una poesia scritta con il cuore, un'ode ai momenti che ci scaldano l'anima. È come riconoscere che anche nei giorni nuvolosi ci sono raggi di luce pronti a filtrare attraverso le nuvole, portando con sé una gioia che risveglia il nostro spirito.

Il potere della gratitudine risiede nella capacità di trasformare ogni esperienza in un regalo prezioso. È come guardare oltre le sfide e le difficoltà per abbracciare il dono nascosto che ogni situazione porta con sé. Attraverso la gratitudine impariamo a vedere la vita come una tela vibrante dipinta con i colori dell'amore, della speranza e della resilienza.

Nella pratica quotidiana della gratitudine diventiamo custodi della nostra felicità. È come coltivare un giardino interiore in cui ogni pensiero di gratitudine è un seme che fiorisce in fiori di gioia e apprezzamento. La gratitudine diventa il nostro rifugio, un luogo dove possiamo attingere alla bellezza della vita anche nei momenti più difficili.

La gratitudine è anche un ponte che connette le nostre esperienze individuali con la ricchezza dell'esistenza condivisa. È come riconoscere e apprezzare il contributo degli altri al nostro benessere, creando legami di reciproca gratitudine che fortificano la trama delle nostre connessioni umane.

L'abbraccio della trascendenza è come immergersi in un oceano di profondità inesplorate, una connessione spirituale che va oltre i confini del nostro essere individuale. È come aprire le ali dell'anima e lasciarsi trasportare dal vento della consapevolezza oltre i confini della realtà quotidiana, per abbracciare l'infinito che risiede dentro e fuori di noi.

In questa esperienza mistica scopriamo che la trascendenza è un invito a sollevarsi al di sopra delle preoccupazioni terrene e a esplorare il regno più ampio dell'esistenza. È come sentire le correnti sottili di una realtà più elevata che danzano intorno a noi, risvegliando una sensazione di connessione con qualcosa di più grande e più profondo.

L'abbraccio della trascendenza è anche una pratica di riconciliazione con il mistero della vita. È come lasciar andare la necessità di capire tutto e immergersi nel flusso delle domande senza risposta. Nella trascendenza troviamo la bellezza nel non sapere, nell'aprire il cuore e la mente a un mondo di meraviglia e possibilità.

Nel profondo abbraccio della trascendenza, sperimentiamo la pace interiore. È come immergersi in un silenzio che va al di là delle parole, trovando rifugio nella quiete di un'armonia che risuona nella nostra anima. La trascendenza diventa un santuario in cui possiamo ritirarci per rinnovare la nostra forza interiore, nutrendo la fiamma della spiritualità che arde nel nostro cuore.

Attraverso la trascendenza scopriamo che la bellezza della vita è un mosaico di esperienze, ciascuna tassello unico ma parte di un disegno più grande. È come percepire il battito del cuore dell'universo, riconoscendo che siamo intrecciati con la trama dell'esistenza, parte di qualcosa di immenso e sacro.

CAPITOLO 11

SOSTENERE CONNESSIONI NELL'ERA DIGITALE

Navigare il mondo virtuale con i cuori aperti è come intraprendere un viaggio attraverso un paesaggio digitale, dove ogni clic apre finestre verso mondi sconosciuti. È un'esperienza che richiede una disposizione del cuore, un'apertura nei confronti delle possibilità e delle connessioni che possono fiorire al di là dei confini fisici.

In questo viaggio cibernetico scopriamo che i cuori aperti sono come bussole sensibili alle emozioni che si trasmettono attraverso lo schermo. È come riconoscere che, dietro ogni messaggio digitale, c'è un'anima desiderosa di condividere, connettersi e trovare significato. Il cuore aperto diventa così il ponte che collega le esperienze umane attraverso il tessuto etereo della rete.

Nell'atto di navigare il mondo virtuale, i cuori aperti significano anche accogliere la diversità di pensiero e di esperienze. È come riconoscere che, anche se le persone che incontriamo online possono provenire da culture, background e prospettive diverse, c'è una ricchezza nell'incontro di menti aperte che abbracciano la diversità come un dono.

Tuttavia, navigare il mondo virtuale con i cuori aperti non è privo di sfide. È come attraversare oceani di informazioni, filtrare emozioni attraverso la tastiera e mantenere un senso di autenticità in un ambiente che può facilmente incoraggiare la superficialità. Il cuore aperto diventa il timone che ci guida attraverso le acque digitali, mantenendo il nostro ancoraggio nella verità e nell'amore.

Nell'avventura di navigare il mondo virtuale i cuori aperti sono come farfalle digitali, pronte a librarsi in cielo e a toccare delicatamente l'anima di chiunque incontrino. È un'esperienza che va al di là delle convenzioni, un'apertura all'imprevisto, alla bellezza nascosta dietro ogni clic, ogni condivisione e ogni connessione digitale.

La bellezza dietro lo schermo è come un delicato tramonto digitale, un'esperienza che va oltre la superficie luminosa e si insinua nei recessi più profondi dell'anima. È come scoprire il fascino nascosto dietro ogni clic, ogni pixel, mentre ci immergiamo nei mondi virtuali che si aprono davanti a noi.

In questa esplorazione della bellezza dietro lo schermo ci rendiamo conto che ogni avatar nasconde una storia, ogni condivisione racconta una parte dell'umanità. È come aprire una finestra sulla vita di qualcun altro, cogliendo frammenti di gioia, dolore, speranza e paura che si riflettono sullo schermo. La bellezza dietro lo schermo è la capacità di condividere la nostra umanità, di rivelare la bellezza autentica dietro la facciata digitale.

La connessione che si sviluppa dietro lo schermo è un'opera d'arte intessuta con fili di emozioni. È come riconoscere il cuore palpitante dietro ogni messaggio, la sincerità dietro ogni condivisione. La bellezza risiede nella possibilità di creare legami significativi, di condividere momenti di intimità emotiva anche attraverso la barriera di un monitor.

Tuttavia, la bellezza dietro lo schermo è anche una danza sottile tra autenticità e finzione. È come riconoscere che, se da un lato possiamo condividere autenticamente le nostre vite, dall'altro possiamo anche creare immagini idealizzate di noi stessi. La bellezza dietro lo schermo è quindi la capacità di discernere tra il vero e il virtuale, di abbracciare la verità dietro le rappresentazioni digitali.

Coltivare la gentilezza online è come piantare fiori digitali nel vasto giardino della connessione virtuale. È un atto di semina di empatia e comprensione attraverso il terreno apparentemente asettico del mondo digitale. La gentilezza diventa così il nutrimento che fa sbocciare petali di positività in ogni interazione, creando un giardino virtuale di relazioni che riflettono la bellezza dell'anima umana.

In questo giardino digitale la gentilezza online è come il sole che riscalda e illumina, dissolvendo le ombre della negatività. È come inviare raggi di luce attraverso lo schermo, illuminando le giornate degli altri con parole gentili, incoraggianti e cariche di sostegno. La gentilezza diventa così un faro digitale che guida gli altri attraverso le acque tumultuose della vita online.

La gentilezza online è anche una forma di resistenza contro la tempesta dell'odio e della negatività che talvolta permea il mondo virtuale. È come piantare radici salde di comprensione e rispetto, creando un terreno fertile in cui fioriscono l'amicizia e la collaborazione. La gentilezza diventa così un antidoto contro il cinismo, un messaggio digitale che proclama la possibilità di connessioni sincere e altruistiche.

Tuttavia, coltivare la gentilezza online richiede un impegno consapevole. È come essere giardinieri virtuali che si prendono cura delle emozioni degli altri, evitando di seminare semi di discordia e insensibilità.

La gentilezza diventa così una scelta quotidiana, un'opportunità costante di diffondere amore e calore attraverso l'ecosistema digitale.

Trovare la bellezza nell'equilibrio è come danzare sull'orlo di una corda tesa, un'arte delicata che richiede grazia e consapevolezza. È come navigare tra le onde tumultuose del mondo digitale mantenendo un centro di stabilità, riconoscendo la necessità di bilanciare l'immersività online con la preziosità delle connessioni nella vita reale.

In questa danza sottile scopriamo che l'equilibrio è come un abbraccio tra il virtuale e il tangibile. È come apprezzare la ricchezza delle relazioni online senza perdere di vista la bellezza delle connessioni faccia a faccia. L'equilibrio diventa così la chiave per evitare l'eccesso di uno a favore dell'altro, trovando la bellezza nel mezzo di un mondo digitale sempre più intrecciato con la vita offline.

Trovare la bellezza nell'equilibrio è anche una riflessione sulla gestione del tempo e dell'energia. È come bilanciare il tempo trascorso di fronte agli schermi con momenti di quiete e riflessione nella vita reale. L'equilibrio diventa così una forma di auto-amore, un modo di prendersi cura di sé stessi in un mondo digitale che può essere incessante e avvincente.

Tuttavia, trovare la bellezza nell'equilibrio richiede un'attenzione costante. È come essere acrobati digitali che si muovono con grazia attraverso le complessità della connessione online, senza perdere di vista la solidità del suolo sotto i piedi. L'equilibrio diventa così un'arte dinamica, una danza continua tra la presenza online e la consapevolezza offline.

La magia delle relazioni in tutte le sfumature è come un dipinto vibrante, un caleidoscopio di connessioni umane che si intrecciano e creano un panorama unico. È come scoprire la bellezza nel mosaico delle esperienze condivise, una sinfonia di colori e sfumature che definisce la ricchezza delle relazioni umane.

In questa esplorazione della magia delle relazioni scopriamo che ogni connessione è un tassello prezioso nella tela della nostra esistenza. È come riconoscere che ogni persona che attraversa il nostro cammino porta con sé una storia unica, un bagaglio di emozioni, e insieme creiamo una trama intricata di amicizia, amore e comprensione reciproca.

La magia delle relazioni in tutte le sfumature risiede nella capacità di abbracciare la diversità. È come dipingere con pennellate di accettazione e rispetto, creando un quadro in cui le differenze diventano un elemento fondamentale della bellezza complessiva. La magia delle relazioni si manifesta quando riconosciamo che, nonostante le sfumature, siamo tutti parte di una connessione più grande.

Tuttavia, la magia delle relazioni richiede impegno e cura. È come coltivare un giardino in cui le piante sono le relazioni e l'acqua è l'amore e l'attenzione che investiamo in esse. La magia delle relazioni diventa così una danza continua, un fluire costante di energie che nutrono e sostengono il nostro intrecciarsi con gli altri.

In questo paragrafo esploreremo la magia delle relazioni come una forza che dà forma alle nostre vite. Celebriamo la capacità di creare connessioni significative, riconoscendo che ogni relazione, indipendentemente dalle sfumature, è una fonte inesauribile di gioia, apprendimento e crescita. La magia delle relazioni in tutte le sfumature è un invito a immergersi nella bellezza complessa delle connessioni umane e a scoprire il potere trasformativo che ogni incontro può portare alla nostra vita.

La celebrazione della resilienza delle connessioni umane è come un inno di gratitudine per il coraggio e la forza che emergono dalle relazioni intrecciate nel tessuto della nostra vita. È come riconoscere che, nonostante le tempeste che possono attraversare il nostro cammino, le connessioni umane possono fiorire e prosperare con una bellezza unica, alimentata dalla resilienza e dalla volontà di superare le sfide.

In questa celebrazione abbracciamo la verità che ogni relazione è un viaggio. È un percorso che può attraversare valli di difficoltà e picchi di gioia, ma è nella resilienza delle connessioni umane che troviamo la forza di superare le avversità. È come guardare indietro e vedere il percorso tortuoso che abbiamo percorso insieme, riconoscendo che ogni passo ha contribuito a plasmare il legame che condividiamo.

La resilienza delle connessioni umane risiede nella capacità di adattarsi e crescere insieme. È come un albero che, anche quando le tempeste della vita soffiano con forza, piega i rami senza mai spezzarsi. Le connessioni umane si rafforzano quando affrontano le sfide, quando le difficoltà diventano occasioni per imparare, evolvere e costruire una storia condivisa di resistenza e amore.

Tuttavia, la celebrazione della resilienza delle connessioni umane è anche un invito alla consapevolezza. È come riconoscere che la resilienza richiede impegno, cura e apertura al cambiamento. Celebrare la resilienza delle connessioni umane è un'opportunità per onorare il passato, vivere appieno il presente e guardare con speranza al futuro.

INDICE